Alexander Bálly

Katharina Zimmermann

Urlaub
auf Spiekeroog

Alexander Bálly

Katharina Zimmermann

Urlaub

auf Spiekeroog

Impressum

Bibliografische Information
der Deutschen Nationalbibliothek:
Die Deutsche Nationalbibliothek verzeichnet diese
Publikation in der
Deutschen Nationalbibliografie;
detaillierte bibliografische Daten sind
im Internet über dnb.dnb.de abrufbar.

© 2022 Alexander Bálly (Hrsg.), Katharina Zimmermann
Herstellung und Verlag:
BoD – Books on Demand, Norderstedt
ISBN: 9783757891558

Widmung

Allen Insulanern,
die die Insel zu diesem
zauberhaften Ort machen,

in Dankbarkeit.

Die Frage von K.

Ich mit meinem Onkel verreisen? Ich wusste echt nicht, was auf mich zukommen würde und war mir im ersten Moment gar nicht sicher. Ich hatte Bedenken, dass es langweilig werden könnte. Würden wir den ganzen Tag auf dem Zimmer sitzen?

Aber auf einer Insel war ich noch nie gewesen. Auch wäre es toll, nicht die ganze Zeit an meine Eltern gebunden zu sein. Auch meine Familie plante gerade Urlaub in Ostfriesland. - die ersten drei Urlaubstage würde ich wohl mit Ihnen verbringen. So ein Familienurlaub, das kann echt stressig sein. Da wäre eine Auszeit ganz schön. Und mit Onkel Alexander, da würde ich schon irgendwie klarkommen. Im zweiten Moment sagte ich kurzer Hand „Ja!"

Wie alles begann von A.

Schon lange vor Katharinas Geburt entdeckten meine Frau Tonja und ich Spiekeroog als „unsere Insel". Wir verbrachten die schönsten Urlaube dort. Hier war stets unser Sehnsuchtsort. Noch eineinhalb Wochen vor ihrem Tod fassten wir den Plan, wieder die Insel zu besuchen. Es sollte nicht sein.

Ein halbes Jahr nach der Beerdigung, im Mai, besuchte ich meine Verwandten in der Pfalz. Damals machten meine Nichte Katharina und ich bei einer Einkaufsfahrt zu zweit einen kleinen Ausflug zum Rhein und ließen uns von der Fähre bei Leimersheim auf die badische Seite übersetzen. Dort auf dem Schiff, sacht schwankend im Fluss, mit den brummenden Dieseln unter uns, die das ganze Schiff sacht vibrieren ließen, stiegen Erinnerungen in mir hoch – an die Fährfahrten mit Tonja auf unsere Insel und auch auf das unerfüllbare Vorhaben.

Allein würde ich nicht fahren können, zumindest diesmal nicht. Das wäre keine gesunde Reise in die Vergangenheit, sondern ein sehr wehmütiger Trip geworden. Doch da saß meine Nichte neben mir und mit ihr konnte ich mir diese Reise vorstellen. Aber würde sie einen solch langweiligen Urlaub überhaupt mit mir machen wollen? Eine autofreie Nordseeinsel ist nicht gerade der Hotspot für Party und Unterhaltung.

Ich fragte sie rundheraus. Einen Moment dachte sie nach. Sogar zwei Momente. Sie hatte wohl mit allem gerechnet, damit aber nicht. Und dann sagte sie fest und überzeugt „Ja!" und unser Abenteuer war auf dem Weg.

Auf der Inselfähre von A.

Der Abend dämmert. Nieselregen fällt, als wir über die Gangway an Bord der Fähre kommen. Es ist dasselbe Schiff, mit dem Tonja uns ich vor dreißig Jahren das erste Mal auf die Insel kamen. Manches hat sich verändert. Heute liegt der Fähranleger am östlichen Kai. Damals war es noch gegenüber.

Vor allem aber: Ich bin nicht mehr mit Tonja unterwegs zu unserem Eiland. Dieses Mal reise ich mit der Erinnerung und mit Dir, meiner Nichte.

Vieles ist aber auch so, wie es war, und mir sehr vertraut. Die Container für das Gepäck, der breite, steile Niedergang in den Bauch des Schiffes, der Geruch nach See, Menschen und einem Hauch Diesel. Vor allem aber das leichte, brummende Vibrieren des Motors, der irgendwo unter und hinter uns läuft und das Schiff zum Leben erweckt.

Wie wird es werden, wieder auf der Insel zu sein? Ohne sie … mit Dir?

Ich will mich nicht in Wehmut und Selbstmitleid suhlen, doch ausblenden kann ich das Vergangene nicht. Erinnern will ich mich natürlich auch. Doch die Gegenwart ist wichtiger. Du bist ruhig. Nicht ungeduldig, nicht aufgeregt, nur still und erwartungsfroh.

Ich entspanne mich. Es beginnt und es beginnt angenehm. Ich bin zuversichtlich. Es wird schon werden. Ich denke zurück an vergangene Urlaube.

Da erzählst Du mir plötzlich von Deiner Geschichte, die Du schreiben willst. Wir plaudern, und nun bin ich mit Dir ganz im Hier und Jetzt.

Ich spüre es. Alles wird gut ...

… alles ist gut.

Schietwetter! von K.

Was für eine Enttäuschung! Als das Fährschiff anlegte, war es stockdunkel. Es regnete nicht nur - der Wind blies mir den Regen ins Gesicht und drückte ihn durch jede Faser der Kleidung!

Die anderen Passagiere hatten kaum Gepäck dabei oder am Hafen Bollerwagen geparkt. Sie waren rasch verschwunden. Nur wir plagten uns mit unserem Gepäck ab. Einen Kofferservice gab es so spät nicht mehr.

Schon sonst verabscheue ich Regen von Herzen. Aber das? In Minuten waren wir klatschnass und quälten uns gegen den Wind zum Dorf. Der Koffer wurde immer schwerer und der Griff schnitt mir in die Hand. Onkel Alexander musste immer wieder verschnaufen. Nun fing auch noch mein Magen an zu knurren. Eine Viertelstunde kann sehr lang sein. Dann aber waren wir endlich am Hotel - zwar pitschnass, aber wir saßen im warmen Restaurant, alle waren nett und ich fühlte mich sofort wohl.

Da war es plötzlich wieder gut. Ich freute mich auf eine schöne Zeit mit meinem Onkel.

Ankunft von A.

Es ist dunkel und nass. Nein, ganz horizontal fällt der Regen nicht, doch es fehlt nicht viel. Es hat sich ergeben, dass wir die Abendfähre nehmen mussten. Für sie gibt es keinen Kofferservice, der unser Gepäck zum Hotel bringt. So schleppen wir uns mit viel Gepäck durch das widrige Wetter.

Mich ficht das nicht an, denn ich weiß, dass die Insel auch bei solch einem feuchten Willkommen für uns eine tolle Zeit bereithalten kann. Du hast diesen Erfahrungswert nicht und musst mir auf meine bloße Zusicherung hin vertrauen, dass es schön werden wird.

Was Du denkst, kann ich nicht einmal ahnen. Wie eine kleine Sphinx hüllst Du Dich in rätselhaftes Schweigen. Immerhin – Du jammerst nicht und maulst nicht, was mehr ist, als man bei diesen Bedingungen erwarten kann.

Als Lungenkranker bin ich leider nicht so schnell, wie ich es gerne sein möchte. So dauert es eine Weile, dann sind wir endlich im Dorf und nach ein paar Schritten sehe ich vor uns unser Hotel in warmem Lampenschein gastlich schimmern.

Die Begrüßung durch Nils, unseren Wirt, ist herzlich. Das Einchecken ist schnell passiert. So sitzen wir schon bald im Lokal, wo wir, nass wie getaufte Mäuse, von lieben Kellnerinnen aufs Freundlichste bedient werden.

Erleichtert sehe ich, dass Dich die feucht-unfröhliche Ankunft nicht verdrießen konnte. Bestens gelaunt wickelst Du Deine Pasta auf die Gabel. Hervorragend gestärkt und aufgewärmt beziehen wir etwas später unser Zimmer, packen aus und dann – dann sind wir also angekommen. Unser Urlaub beginnt.

Endlich da! von K.

Der Regen greift uns an
und mit ihm der Wind
Es pfeift uns ins Ohr.
Der Urlaub beginnt.

Im Hotel, endlich!
Trocken, geborgen.
Rasch verblassen
unsere Sorgen.

Noch gleichen wir
begossenen Pudeln.
Nun stärken wir uns
mit leckeren Nudeln.

Wie eine Heimkehr von A.

Nils,
unser Gastgeber
auf der Insel,
begrüßt uns als Freunde.
Angekommen!!!

Schwingtüren,
das Treppenhaus;
die Stufen knarzen
mir ein leises Willkommen.
Unverändert ...

Bad
und Zimmer
sind frisch renoviert.
Etwas verändert, aber doch
vertraut.[1]

---

1   Diese Gedichtform nennt sich Elfchen. Mehr dazu
     am Ende des Buches.

Die erste Nacht von A.

Das Zimmer ist nicht groß. Mit einem Zustellbett würde es arg eng. Es ist nicht ganz dunkel, denn durch das Fenster dringt etwas Licht von der Straßenlaterne herein und taucht unser Zimmer in nachtblaue Schatten. So zeichnet sich die Bettwäsche hell ab und Dein Gesicht in ihr als dunkle Silhouette.

Ich sehe Dich an, höre Dich atmen. Ganz ruhig und entspannt. Es ist ein gutes Gefühl, nicht allein im Bett zu liegen. Ich habe es über ein Jahr nicht mehr erleben dürfen. Ich muss zugeben, dass ich es sehr vermisst habe.

Nur um jedem Missverständnis vorzubeugen: Nein – Du kannst und sollst mir nicht die Frau ersetzen, die ich verloren habe. Das wäre ja völliger Quatsch! Du sollst Du selbst sein, meine Nichte, und niemand sonst. Doch es ist eben auch sehr schön, Deinem ruhigen Atem zu lauschen.

***

Es ist mitten in der Nacht. Ein Frosch sitzt mir im Hals und ich setze mich auf, um mich zu räuspern. Noch einen Moment bleibe ich so sitzen. Da kommt plötzlich aus den Bettdecken hinter mir ein Bein heraus, stupst mich sachte an und bleibt neben mir liegen. Du hast Dich im Schlaf umgedreht und suchst nach mir. Ein größeres Kompliment hättest Du mir nicht machen können.

Sanft umfasse ich Dein Fußgelenk. Nur einen Moment dauert diese Berührung, dann verschwindet das Bein wieder unter Deiner Decke. Ich schmunzle und lege mich auch wieder schlafen.

Vorsatz <small>von A.</small>

Wir treiben zwischen Einst und Dann
im momentanen Irgendwann.
Nie ganz bei uns, im Augenblick!
Ständig blicken wir zurück
oder voraus, dem Morgen zu
und schmieden Pläne immerzu.
Zu selten sind wir fokussiert
auf das, was im Moment passiert.
Hier will ich lernen, loszulassen,
um ganz den Augenblick zu fassen.

Erstes Frühstück von A.

Wir kommen herunter in den Frühstücks-
saal und freuen uns. Beinahe sofort steht vor
mir das Elixier der Friesen – wunderbarer,
rotgoldener Tee. Ein paar Minuten der gier-
losen Entspannung, dann pilgern wir in aller
Ruhe an die Theken.

Hier warten Köstlichkeiten, warm und
kalt, reichhaltig und in einer Vielfalt, die bei
einem Hotel dieser Größe nicht selbstver-
ständlich ist. Die Teller sind klein und eben-
so die Brötchen. Es ist ein gutes Konzept,
denn so wird der Gast unaufdringlich, aber
wirksam dazu angehalten, die Vielfalt in im-
mer neuen, aber kleinen Portionen zu genie-
ßen, ohne Hast, ohne Übertreibung.

Zweimal, dreimal gehen wir und genießen
die Leckereien. Wir werden so gestärkt und
endgültig auf das Inseltempo geeicht.

Bummel durch den Ort von A.

Ein erster Spaziergang durch den Ort. So vieles auf der Insel wirkt spielzeugartig klein, doch entpuppt sich die Größe dann meist als genau richtig – denn hier ist fast alles auf menschliche Maße zugeschnitten.

Entfernungen werden in Gehminuten gemessen, nicht in Kilometern oder in U-Bahnstationen, die Straßen sind schmal und für Fußgänger gemacht, nicht für Autos. Gehsteige? Braucht man nicht. Auch die Inselbahn zieht ein gemütliches Pferd im Schritt, kaum schneller als ein Fußgänger. Sogar die Bäume wachsen hier nicht allzu weit in den Himmel. Der Wind sorgt dafür, dass sie nicht höher wachsen, als die Dünen aufragen.

Die Häuser im Ort sind klein. Unser Hotel gehört zu den größten. Die alten Fischerhäuser aber sind so winzig, dass man oftmals keine Leiter braucht, um die Dachrinne zu reinigen. Auch innen sind die Räume klein, mit niedrigen Decken. Diese Größe – oder besser diese Kleinheit – sind wir nicht gewohnt. Auch hier ist der Mensch das Maß und so passt es.

Die Insel vereint so beides: das Kleine und das Große, Dorf und Meer, die winzig wirkenden Häuschen mit den gemütlichen Stuben und den weiten Strand mit dem unendlichen Horizont.

Gegensätze – Yin und Yang. Die Harmonie des Kosmos, eingefangen in der kleinen Welt der Insel.

Inseltempo von K.

Inselrundgang.
Viele Leute ...
Viel zum ansehen.
Alles geschieht hier langsamer -
hastlos!

Geduld von A.

Wir spazieren zum Strand und ich suche schon mit den Augen den Weg vor uns ab, suche einen Fleck, wo ich einen Moment innehalten kann, um Dir etwas zu zeigen … nicht weil Du nicht all die Schönheiten der Insel selbst erkennen könntest, sondern weil ich dann einen Augenblick zu Atem kommen kann.

Die Zeiten stundenlanger Spaziergänge mit mir sind leider vorbei. Inzwischen bin ich so kurzatmig, dass ein Fußweg mit mir eine Sache für geduldige Menschen ist. Zu oft muss ich ein Päuschen machen, einen Moment verschnaufen.

Du bist ein Muster an Geduld, zeigst keinerlei Unwillen, gehst willig mein Schneckentempo mit und gibst mir nie das Gefühl, Dich aufzuhalten. Das ist sehr angenehm.

Danke.

Urlaub zu dritt von A.

Ich bin mit Dir auf der Insel. Dennoch sind wir nie allein, denn Tonja begleitet mich hier bei jedem Schritt. Stumm grüßt sie mich an tausend Orten. Doch nur mich allein, nicht Dich, denn Du teils nicht meine Erinnerung, Wir erleben die Insel auf verschiedene Weise.

Vielleicht wirke ich anfangs gelegentlich ein wenig abwesend. Ich brauche wohl ein paar Stunden, um mit der Situation umzugehen und beiden Seiten gerecht zu werden. Der Erinnerung an die tote Frau und dem lebendigen Erleben mit Dir, meiner Nichte. Ich suche den Ausgleich, räume beidem Platz in meiner Seele ein.

Spüre ich Wehmut? Ja, doch immer dosiert, niemals überwältigend. Stets spüre ich auch Deine frische Freude. Ich darf mit Dir die Insel neu entdecken. Mit Deiner Lust und Neugier. Nach einer Weile sehe ich

Tonja seltener. Sie steht nun meist nur am Rand und sie lächelt uns zu. Wir machen es schon richtig.

Das sind vielleicht recht wirre Gedanken, sentimentaler Quatsch. Und doch frage ich mich, ob auch Du sie vielleicht gespürt hast, irgendwie ...

Seewind von A.

Binnenländer
macht Küstenurlaub,
erlebt das Element
ganz ungebremst durch Landschaft.
Gewaltig!

Heulen
und Tosen
in meinen Ohren.
Am Strand tanzen Sandgeister
Starkwindwalzer!

Salzig
bläst Seewind.
Ich, gänzlich durchgepustet,
bestaune die Naturgewalt in
Ehrfurcht.

Blick zurück von A.

Die Pferdebahn rollt gemächlich nach Westen, am Rand der Salzwiesen entlang, wo die Dünen beginnen, sanft anzusteigen. Rechts von uns der gepflasterte Weg, links weitläufige Pferdekoppeln mit struppigen Islandponys. Was der Kutscher erzählt, über Dünen, Franzosen und Schmuggler, habe ich schon einige Male gehört und gelesen. Du lauschst und ich denke zurück.

Es war für Tonja und mich der erste gemeinsame Urlaub, damals noch ganz frisch verliebt. Auch wir sahen damals die freundlichen, kräftig gebauten Ponys. Tonja, die schon ritt und sich auskannte, meinte, dass es trittsichere Tiere seien, ideal auch für Anfänger. Zwei Tage später buchten wir für uns beide einen dreistündigen Ausritt über die Insel.

Ich hatte bis dahin noch nie auf einem Pferd gesessen. Solch einen Ausritt für den

ersten Versuch zu wählen, ist sehr unge-
wöhnlich. Doch mit Tonja an meiner Seite
fühlte ich mich unbesiegbar und so sah ich
dem Ausritt mit viel Freude entgegen.

Zur festgesetzten Stunde versammelte
man sich am alten Rettungsschuppen und
ich bekam Zaumzeug und Sattel für mein
Tier. Es hieß Rödi, ein liebenswerter Wal-
lach, dessen wuscheliges Fell eine Spur ins
Rötliche spielte. Zuerst wurden die Tiere
geputzt und ich staunte, wie viel Dreck so
ein Pferdchen spazieren trägt.

Nach der Säuberung wurde der Sattel auf-
gelegt. Zum Schluss kamen Reithalfter und
Trense. Es ist gar nicht so einfach mit all
den Schnallen, doch mit Tonjas Hilfe gelang
es mir, nicht allzu dumm auszusehen.

Und dann ging es los, zuerst im Schritt
auf der Pflasterstraße. Schon das war ein
Erlebnis. Es ist ja nicht so, als säße man auf
einem Karren. Alles bewegt sich – bei je-
dem Schritt. Macht die linke Pferdeschulter

einen Schritt nach vorn, geht es auch mit dem Reiter leicht nach links und unten. Dann tritt die rechte Hinterhand nach vorn und man wird wieder in die Mitte und leicht hinauf geschoben. Zugleich wird der Pferdebauch von einer Seite zur anderen gedrückt. Nun tritt das rechte Vorderbein nach vorne und das Spiel wiederholt sich spiegelverkehrt. Man sitzt also auf einem sehr dynamischen Sitz und muss immer die Pferdebewegungen ausgleichen.

Bald ging es in die Dünen, ein Stück bergauf und dann wieder bergab. Das war noch spannender, denn hinauf musste ich mich leichter machen und nach vorne beugen. Bergab lehnte ich mich dann zurück. Es fühlte sich sehr abenteuerlich an. Aber insgesamt machte es mir sehr viel Spaß, was aber auch an Rödi lag, denn er war ein sehr zuverlässiger und gelassener Reitpartner unter mir, der sich von meinen schlimmen Anfängerfehlern nicht durcheinanderbringen ließ. Dort - in den Dünen trabten wir dann auch ein Stück und Tonja zeigte mir, wie es geht.

Nach einer halben Stunde waren wir am Meer und es wurde Zeit für die nächste Sensation. Vor uns war kilometerweit ein menschenleerer Sandstrand und hier flogen wir geschwind ein schönes Stück an der Wasserlinie entlang – im Tölt. Das ist eine besondere Gangart, für die die Isländer berühmt sind. Dabei ist man etwa so schnell wie im flotten Trab. Das Tolle am Tölt ist, dass der Rücken des Pferdes fast die ganze Zeit ruhig bleibt und man sehr angenehm sitzt.

Dieser Moment – das Pferd mit mir auf dem Strand, Tonja an meiner Seite, die salzige Luft im Gesicht, die Sonne, der Wind! Ein perfekter Augenblick.

Ein Stück weiter machten wir Pause und ich, inzwischen vom Pferdevirus völlig befallen, fragte Tonja, wie es wohl noch schneller ginge und sie meinte: Im Galopp!

Man müsse sich schwer in den Sattel setzen, die Beine fest an das Pferd drücken und eines ein Stück zurücklegen. Dann würde das Pferd mit etwas Glück und Wohlwollen angaloppieren. In genau diesem Moment stellt man sich in die Steigbügel und versucht das Pferd möglichst nicht zu verwirren. Doch so etwas sei für die erste Reitstunde wohl zu viel des Guten.

Der Ritt ging weiter, viel Schritt und gemütlich. Das war auch gut so, denn zu bestaunen gab es genug. Dann aber gab es wieder eine Töltstrecke. Und da stach mich der Hafer. Ich setzte mich schwer in den Sattel, legte den rechten Schenkel eine Handbreit nach hinten und drückte. Und dann …

Dann fühlte sich alles anders an. Runder, wilder, noch schneller. Aus dem raschen Viertakt war ein Dreivierteltakt geworden. Ich stellte mich in die Steigbügel und stand nun im leichten Sitz über Rödi, der froh den Strand entlang galoppierte und so mit mir die Ausrittführerin überholte. Ich fand es genial, besser als Fliegen, Achterbahnfahren und Küssen zusammen. Ich war berauscht und selig.

Natürlich bekam ich ordentlich Schimpfe, dass ich einfach los galoppiert war. Meine Beteuerung, ich hätte gar keine Ahnung, was da passiert sei, denn ich wäre noch nie auf einem Pferd gesessen, wirkte wohl unglaubwürdig, vielleicht auch, weil ich immer noch grinste wie ein Honigkuchenpferd.

Später haben Tonja und ich noch viel mit Pferden erlebt. Doch solch einen schönen Ausritt, solch ein perfektes Erlebnis, das hatte ich später nie mehr.

Fluss der Zeit von A.

Ist es die Tide, die mit ihrem langsamen Acht-
stundentakt, die Zeit hier rhythmisiert? Oder
ist es die Abwesenheit von Autos, die die Men-
schen auf der Insel so entschleunigt? Es fällt
einem oft erst auf dem zweiten Blick auf, doch
die Uhren ticken hier ein wenig anders – gelas-
sener.
Es ist fast so, als hätten die Menschen hier
mehr Zeit. Stress gibt es hier auch, natürlich.
Und doch ergreift er die Menschen hier nicht
in der gleichen Art und Weise wie auf dem
Festland.

Nur die Tagesausflügler bilden eine Ausnah-
me, wenn sie im Sommer scharenweise einmal
vom Hafen durchs Dorf an den Strand hasten
und später in der Gegenrichtung.

Sie nehmen die Insel anders wahr, und blei-
ben so wohl Sklaven ihrer rascher tickenden
inneren Uhr, die beharrlich nach Festlandszeit
geht. Als Gast der Insel aber passt man sich
gern an und fast immer sehr schnell.

Tonja und ich stellten uns stets binnen Stun-
den um, und Du, glaube ich, auch.

Nach dem Strandbesuch von A.

Meist seh´n wir nicht den Horizont,
stets ist er uns verstellt,
von Mauern, Bäumen, Wäldern, Höh´n,
dem Mobiliar der Welt.
Wir nehmen ihn als Linie an
in einer Theorie,
die hinter all dem Zeug verläuft.
Nur sehen wir ihn nie.

Doch hier am Strand, hier ist er nun,
so groß, so fern, so weit.
Ein Abbild der Unendlichkeit
und auch der Ewigkeit.
Der Sand, die Wellen, immer neu,
Bewegung, ew'ges Spiel
Dahinter Meer und Himmel nur
so weit und ohne Ziel.

Genau auf Augenhöhe – schau –
die feine Linie ist,
an der die See voll Zärtlichkeit
den weiten Himmel küsst.

Vielleicht ist es auch andersrum?
Der Himmel küsst das Meer?
Die Weite macht den Kuss diskret,
und man erfährt nicht mehr.

Ich stehe da und blick hinaus,
ein Käfer bin ich nur.
So winzig, unbedeutend klein,
so groß ist die Natur.
Wind mit langem Anlauf bläst
mir Sand und Salz ins Haar.
Wind von hinterm Horizont.
Ich find es wunderbar.

Diese Aussicht tut mir gut,
macht Geist und Seele weit.
Und wenn ich kleiner Mensch dann geh,
so fühl ich mich befreit.
Ist nun verstellt mein Horizont
von Dingen, die da stehen.
So weiß ich doch, es gibt ihn wohl.
Ich habe ihn gesehen.

Wohnen mit dem Onkel von K.

Mit meinem Onkel in einem Hotelzimmer zu wohnen war irgendwie entspannt. Allein schon, dass ich mal ein paar Tage meinen kleinen Bruder los war, war toll, und auch meine Eltern können ab und zu ganz schön nerven.

Es war anders als mit Mama und Papa. Hier wurde ich nicht nur gefragt, ich konnte wirklich mitbestimmen, was wir an jedem Tag machen wollten. Mein Onkel und ich entschieden all das zusammen. Da fühlt man sich ernst genommen.

Mein Onkel interessierte sich zwar auch für mich und meine Sachen, aber in Dinge, die mich angingen, redete er mir nicht rein. Da war ich eigenverantwortlich.

Es klappte gut.

Halbpension von A.

Halbpension zu haben, ist sehr angenehm, denn man darf einige der Alltagsfragen rund um das Speisen getrost in fähige Hände legen. Manchen mag es stören, dass die Essenszeiten den Tag mitgestalten – auf Kosten der Freiheit. Wir genießen es.

Schon am Vorabend wählen wir das Menü. Zwar können wir nur zwischen drei Gerichten die Wahl treffen, aber was macht das, wenn die so abwechslungsreich, kreativ und lecker sind wie dieses Angebot? Wäre die Auswahl größer, das Ergebnis wäre nicht besser, nur die Entscheidung wäre schwieriger. Auch die kurze Hausgastkarte hat so durchaus Vorzüge.

Sanft und angenehm wird unser Tag von der Küche strukturiert. Wir fühlen uns dabei keineswegs eingeschränkt, sondern verwöhnt. Wir schlafen aus, erheben uns und machen uns präsentabel, um dann zum

Frühstück zu gehen. Das ist ein wenig üppiger als zu Hause. Die Auswahl ist größer. Es ist verlockend, noch ein Brot zu essen, nur um den Räucherfisch zu kosten und den leckeren Käse dort mit einem Träubchen zu garnieren. Vor uns liegt ein Tag voller Unternehmungen und wir versuchen, die lukullischen Freuden nicht zu übertreiben. Trotz unserer Vorhaben drängt nichts. Wir haben Zeit zum Essen und nehmen sie uns auch.

Nun beginnt unser Tag. Wir spazieren, genießen Wind und Wetter, bummeln, lassen die Seele baumeln und kommen mit unserem Frühstück weit in den Tag. Am Nachmittag reicht uns ein Stück Kuchen zur Stärkung völlig aus. Es ersetzt uns das Mittagessen, obwohl das stets eingeplant war. Wir vermissen es nie.

Spät am Nachmittag sind wir dann zurück, lassen im Zimmer das Erlebte in die Seele sickern, plaudern und basteln ein wenig bis zum Abend.

Geduscht und in frischen Klamotten kommen wir nun zum Speisesaal, entspannt und voll froher Erwartung. In unserer Kellnerin vereint sich professionelle Akkuratesse mit freundlichster Liebenswürdigkeit und Humor, sodass man sich nicht besser betreut fühlen kann. Drei Gänge harren unser und ein jeder ist sehr gut, manchmal sogar herausragend lecker. Auch hier haben wir Zeit und nehmen sie uns. Kerzen machen das Licht angenehm weich, die Stimmung der Gäste ist wie unsere … entspannt und genießerisch. Nichts drängt zur Eile. So dauert unser Abendessen fast neunzig wundervolle Minuten, in denen der Leib ebenso gestärkt wird wie die Seele. Wir kommen zur Ruhe, trinken einen letzten Schluck und dann …

Dann sind wir fertig. Nicht, weil es nichts mehr zu essen gäbe. Nicht weil uns keine andere Verlockung rufen würde, sondern weil wir rundum zufriedengestellt sind und nicht nur satt.

Der Strand von K.

Ich hatte mich schon richtig auf den Strand gefreut. Wirklich! Das war einer der Gründe gewesen, wieso ich die Einladung angenommen hatte.

Nicht zum Sonnenbaden oder zum Schwimmen natürlich. Es war ja Oktober. Aber ein weiter Strand - das ist schon was Tolles.

Die Idee, Muscheln zu suchen, um aus ihnen etwas zu basteln, fand ich auch gut. Und Muscheln zu sammeln, macht mir Spaß.

Leider waren am Ufersaum die meisten Muscheln schon zertreten. Aber am Fuß der Dünen, da fand ich richtig viele.

Die Strandspaziergängerin von A.

Ich stehe oben auf der Düne und blicke in die Weite vor mir. Die Ebbe hat einen riesigen Strand geschaffen, mit Teichen dazwischen. Davor ein Streifen Wassers mit weißen Gischthauben, wo ein paar unverdrossene Kite-Surfer hin- und herflitzen, um mit den Elementen zu spielen. Dahinter die Weite des Meeres, endlos und heute ozeanblau, ein Ton, der einem dunklen Taubenblau entspricht, nur ein wenig mehr ins Graugrüne spielt. Am westlichen Ende des Blickfelds sehe ich die Insel Langeoog und in der Ferne vor mir eine langsame Prozession riesiger Containerschiffe, die aber so entrückt sind, dass man keinerlei Details erkennt.

Ich kenne diesen Aussichtsort von früher. So genieße ich zugleich das Hier und Jetzt und die Erinnerungen. Du bist nicht bei mir auf der Düne. Du bist hinunter gegangen, an den Strand mit dem feinen, tiefen Sand, der mir zu beschwerlich war. Ich weiß nicht, ob Du mich siehst. Ich sehe Dich sehr wohl, eine kleine Muschelsucherin im endlos erscheinenden Sand vor dem gewaltigen Meer. Du kannst auf Dich selbst aufpassen. Lediglich im Scherz meinte ich, Du sollst nicht zu weit hinausschwimmen und Dich keinesfalls von Piraten entführen lassen. In beiden Fällen warst Du vorbildlich brav.

Immer wieder einmal sehe ich nach Dir. Es geht Dir gut. Eifrig suchst Du Muscheln. Was mich wundert: Du bleibst stets dicht am Dünensaum und versuchst nicht, die unstete Grenze von Wasser und Land zu erkunden, die jede Welle neu markiert. Doch Du bist frei, zu tun, was Du willst. Es ist Deine Art, den Strand zu genießen. Nach einer Weile kommst Du mit reicher Beute zurück, die wir später zu Muschelmobiles verarbeiten. Ich hoffe, Du hattest ebenso viel Spaß wie ich.

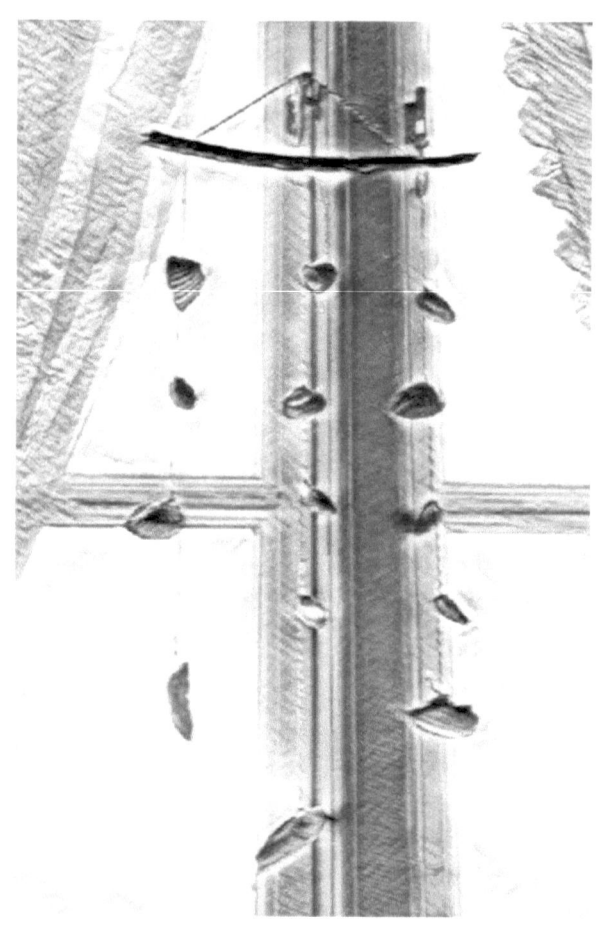

Muschelmobile von A.

Wir waren am Strand. Nun haben wir uns
müde gelaufen, sind durchgepustet und ha-
ben noch Zeit bis zum Essen. Unterwegs
hast Du Muscheln gefunden. Auch schöne
Treibholzstücke, trockene Fetzen von Bla-
sentang und den kleinen Schulp eines Kal-
mars. Ich habe mir schon gedacht, dass uns
solche Materialien auf der Insel über den
Weg laufen werden. So habe ich ein kleines
Werkzeugset dabei, eines für die Hosenta-
sche, und Bindfaden.

Nun sitzen wir im Zimmer und basteln
Mobiles. Kleine Mitbringsel von der See für
die Lieben daheim. Als das Licht schwin-
det, endet die Bastelstunde. Wir räumen zu-
sammen und machen uns frisch und fein
fürs Abendessen. Als wir hinunter gehen,
hängt im Fenster das erste Windspiel und
grüßt den sich senkenden Abend.

Inselmuseum von K.

Minimuseum,
ausgestopfte Tiere begrüßen uns.
Haifischzähne, Rettungsring, Harpunen.
Nett, aber ...
creepy!

Baden auf Spiekeroog von A.

Das Wetter ist nur mäßig. So lockt uns heute das Inselmuseum. Es ist klein und ein wenig eng dort. Ein zentrales Thema ist der Beginn des Tourismus der Insel – als Badeinsel für gut betuchte Bürger der Gründerzeit. Herren und Damen badeten damals getrennt an weit abgelegenen Stränden. Man fuhr das vorgeblich schwache Geschlecht in Badekarren ins Wasser, wo die Damen dann unbeobachtet und laut aufquietschend ins kühle Nass stiegen.

Noch heute ist der Badetourismus ein wesentliches Standbein der Insel, wenngleich längst nicht mehr das einzige und sicher keines im Oktober. Doch dass die Insel so viel zu bieten hat, was wir noch heute genießen, verdanken wir zu einem guten Teil den Badegästen, die im Sommer scharenweise mit den Fähren ankommen, durchs Dorf hasten, um dann am Strand zu sein. Auch sie bum-

meln durchs Dorf, meist mittags oder nach-
mittags und lassen einiges Geld da. Geld,
von dem auch wir profitieren.

Bei all meinen Urlauben auf Spiekeroog
war ich aber nur einmal im Meer. Ich geste-
he es: Ich bin ein Warmwasserplanscher.
Erst ab 22 °C finde ich das Wasser ange-
nehm und die Nordsee hat diese Tempera-
tur nur selten im Angebot. Meist waren wir
sowieso im Winter auf der Insel, im Früh-
jahr und nun im Herbst.

Das erste Mal war es September. Wir ka-
men genau zu einem Wetterumsturz. In der
ersten Nacht gab es das, was man hier „bü-
schen Wind" nennt. Bei uns daheim wäre es
ein ausgewachsener Sturm gewesen. So
stark, dass er uns das Zelt zu Fetzen riss.
Bei diesem Urlaub wagte ich mich ins Was-
ser. Es war kaum Baden zu nennen, eher ein
mutiges Hineinwaten, ein tollkühnes Eintau-
chen, rasch gefolgt von einer bibbernden
Flucht. Jahre später aber kamen wir zu ei-

nem Sommerurlaub mit Strandkorb, Sand-
burg, Baden – das volle Programm. Ausge-
rechnet bei diesem Urlaub brach ich mir bei
der Ankunft den Fuß.

Das Baden fehlte mir nie wirklich. Der
Zauber, den die Insel auf mich ausübt, ist
ein anderer. Auch schwimme ich nicht
wirklich gern im Meer. In Binnenseen wohl,
doch in der See? Nein. Ich mag die Wogen
nicht, und es ist mir unheimlich. Zu groß, zu
weit, zu tief. Es ist sicher mehr ein mentales
Problem als eine tatsächliche Schwierigkeit.
Die Insel liebe ich darum um nichts weni-
ger. Nur anders.

Als den kleinen Fleck Land in der See, als
diese kleine Welt für sich, mit ihrem Rhyth-
mus und anderen Dimensionen. Manches ist
so viel größer, anderes viel kleiner. Mögen
also die Gäste ruhig zum Baden herkom-
men. Ich suche andere Reize und finde sie
überall und reichlich in jedem Winkel.

Am Strand von A.

Der Blick folgt tausend Schleiertänzen.
Unstet weht der feine Sand.
Jedes Sandkorn verschiebt Grenzen,
die von Dünen und vom Land.

Wirbelnd, tanzend, scheinbar heiter
trägt der Wind die Dünen fort,
und baut neue etwas weiter
leewärts auf, an andrem Ort.

Die ganze Insel, jede Düne,
alles wandert, ist im Fluss
mit dem Wind auf dieser Bühne,
wo sich alles ändern muss.

Die Macht, die Berge schafft und Land,
ihr Wirken hier zu sehen ist,
doch geschieht es ganz rasant,
was oft man in Äonen misst.

Alles – alles wandelt sich,
wächst und wird dann doch vergehen.
Manches wächst dann neuerlich
wie die Dünen, die verwehen.

Ich Menschlein suche für mich Halt.
Und weiß, es ist doch Illusion.
Was schön ist, altert, stirbt, wird kalt
und Wehmut ist der Freude Lohn.

Ich bin nicht gram darum und trübe.
Das Schöne nehm ich dankbar an,
Fortunas Gaben und die Liebe,
auch wenn ich sie nicht halten kann.

Kleine Pioniere von A.

Ich sitze am Strand, an der Dünenkante, den Kragen hochgeschlagen und die Mütze über die Ohren gezogen. Ich habe einen hübschen Fleck gefunden, zwischen den Halmen von Strandhafer. Der und der Strandroggen ist alles, was hier wächst. Kehrt man vom Ufer zurück, sind es die ersten Pflanzen, die man findet. Zähe Pioniere, Frontkämpfer an der Demarkationslinie vom Meer und Land. Diese Überlebenskünstler wachsen im kahlen, lockeren Sand, ohne Humus, der sie nährt und hält oder den Regen speichert. Ob sie einzig aus Sturheit und Trotz hier leben?

Alles, was sie brauchen, vom Sand abgesehen, schaffen sie sich selbst – mit ihren Wurzeln, mit ihren toten Halmen und allem, was sie einfangen können.

Sie sind für die Dünen unverzichtbar, die Sappeure der stets bedrohten Landschaft.

Immer wollen die Winde an den Dünen nagen. Als hätten sie tausend kleine Schaufeln, tragen sie beständig Sand ab, um ihn anderswo hinzuschaffen. Hafer und Roggen aber halten mit ihrem dichten Wurzelgeflecht den Sand am Ort. Was doch davon geweht wird, ersetzen sie, indem sie immer wieder neuen Flugsand einfangen. Wenn sie dabei zugeweht werden, was macht's? Da wachsen sie durch und halten so den Flugsand fest. So bauen sie geduldig an der Dünenlandschaft.

Erst ein Stück weiter oben in den Hügeln aus Sand wachsen andere Pflanzen. Ginster, Rosen, Mauerpfeffer, Silbergras, Besenheide und Krähenbeeren gedeihen dort und bilden ein abwechslungsreiches Biotop. Und doch gedeiht all das nur, weil die beiden Pioniere sich am Rand zur See da niederlassen, wo sonst nichts wächst.

Zwei schwache Kräutlein gegen die Urgewalten, ein sehr ungleicher Kampf. Auch

der Mensch kämpft beständig um den Er-
halt der Dünen – mit Reisigbündeln, Buhnen
und anderen Mitteln. Erst zusammen hem-
men sie aber die Gier der See.

Es bläst hier sehr heftig. Ich ziehe mir
meine Mütze über die Ohren. Doch Hafer
und Roggen neigen sich wogend, als sei ihr
Lebenskampf nur ein Ball und der Wind ihr
Tanzpartner.

Nächtliche Geräusche von A.

Halb zwölf Uhr nachts

Dorf eingeschlummert.
Ein Paar zerpocht den Frieden,
nachhallt die Stille. [2]

Halb zwei Uhr nachts

Sanftes Rauschen klingt,
Seidenregen, darunter.
Fern die Wellen am Strand.

Halb drei Uhr nachts

Der Regen – versiegt.
Ringsum nur Stille, wie Samt.
Vom Baum tropft es – Plock!

---

[2] Diese Gedichte nennt man Haikus. Mehr dazu am
Ende des Buches.

Haikus

Strand von A.

Weiße Gischt zerstiebt,
Haar weht im salzigen Wind.
Zeitloser Moment!

Drachen von A.

Zirkus im Wind.
Stoff gewordene Träume ...
Gaukler an Leinen.

Mein Drachen von A.

Gekauft auf der Insel,
vor Jahrzehnten –
Tonjas Geschenk für mich.
Sein Schwanz
malte mir oft
Kringel ins Blau.
Ich, das ewige Kind,
spielte mit ihm.
Manche Stunde,
hielt ich den Wind
in den Händen –
immer wieder auch hier.
Diesmal nicht.
Ich will das nicht mehr spielen,
ließ ihn daheim.
Absichtsvoll.
Das ist vorbei.
Vielleicht
ist es an der Zeit,
ihn weiter zu geben.

Die unstete Grenze von A.

Unser Blick auf die Welt hat oft etwas Statisches. Alles soll auch morgen so sein, wie es heute ist. Das gibt unserem Leben Stabilität und Berechenbarkeit.

Wir sind es gewohnt, dass im Supermarkt die Milch hinten links steht. Es wäre recht verstörend, wenn wir am Morgen aufwachten und wir wären nicht mehr in Deutschland zu Hause sondern plötzlich in Österreich oder gar in Kanada.

So stellen wir uns die Welt als ein recht stabiles Etwas vor. Doch das ist sie nicht. Nichts ist stabil. Alles bewegt sich. Die Kontinente verschieben sich, Gletscher weichen, Wüsten werden größer und auch Diktatoren versuchen stets, die Grenzen zu verschieben. Alles bewegt sich und besonders deutlich wird das am Meer.

Wo genau ist denn nun die Grenze zwischen Land und Wasser? Kommen Sie, lie-

73

ber Leser, mit an den Saum des Ufers, lassen Sie uns diese Grenze suchen! Es zeigt sich: Diese Grenze verschiebt sich im Achtstundentakt mit den Gezeiten. Und nicht nur das: Jede Welle verschiebt die Grenze um ein paar Schritte, nie ist sie fest.

Als Kind spielte ich hier gerne mit den Wellen. Ich wollte auf dem letzten Schritt des Landes stehen. Jede Welle zwang zum Laufen – nach vorn, wenn sich die Welle zurückzog und wieder zurück, wenn eine neue Welle anrauschte. Ein ewiges Hin und Her. Es wurde nie langweilig. Keine Welle gleicht der anderen. Auch das Meer ist immer wieder neu und anders. Hier zu stehen, an der atmenden Grenze zwischen Land und See war für mich immer faszinierend.

Der Streifen feuchten Sandes, immer wieder überspült und sich verschiebend, auf dem das Meer mit immer neuen Wellen seine Ansprüche markiert. Mal zart und still oder bei Sturm mit gewaltigem Nachdruck.

Gelegentlich wird die See brutal und in seinem Begehren maßlos, Dann will sie das Land verschlingen und prallt auf Beton, auf Spundwände und den mit Reisig bewehrten Saum der Dünen.

Heute ist ein freundlicher Tag. Es hat nur wenig Wind und Wellen. Kinder und solche mit kindlichem Gemüt spielen auf der Grenze Haschen mit dem Saum des Meeres, genau so, wie ich es einst tat. Nur tun sie es vorsichtiger als ich damals. Im Oktober ist man nicht mehr barfuß unterwegs und nasse Schuhe sind unangenehm.

Diesmal bleibe ich nur Beobachter, offen für alle Eindrücke der Szene: Den Geschmack des Windes nach Salz und Jod und die kleinen Fetzen Gischt, die mit sich das Aroma von Fisch und Tang tragen, den die Franzosen poetisch den „Atem der See" nennen. Darüber das Juchzen der Kinder und das Rauschen der sich brechenden Wellen als nie endende Hintergrundmusik.

Im Hier und Jetzt von A.

Ich kam mit Schmerz im Gepäck
unter langen Schatten,
geworfen von Vergangenem.
Du und die Insel,
beide ruhig und beruhigend,
freundlich und sanft.
Hier fand ich Ruhe
und zu mir selbst.
War ganz bei mir,
nicht abgelenkt von Bitternis,
ganz im Hier und Jetzt.
Freude, Kraft und Frieden,
Dein Geschenk und das der Insel.
Ich kann nicht dankbarer sein.

Inselwetter von K.

Regen.
Leichte Brise.
Graublau bewölkter Himmel.
Mir scheint die Sonne -
innerlich.

Schreiben von A.

Ja, ich schreibe, Worte sind mir freundliche Helfer, meine Gefühle und Gedanken auszudrücken. Doch dass sie mir inzwischen so geschmeidig dienen wie Dir Deine Beine beim Spagat, kam nicht von selbst. Auch das erfordert beständige und regelmäßige Übung. Und die habe ich. Ich denke, ich kenne mich mit dem Schreiben aus.

Schon auf der Fahrt zur Insel erzählst Du mir von einer Geschichte, die Du schreiben willst. Ich könnte Dir helfen, doch es soll Deine Geschichte bleiben. Je weiter ich mich aus Deinem Kreativprozess heraushalte, umso besser, finde ich. Also helfe ich Dir erst einmal nur bei der Erfindung von ein paar passenden Namen und gebe ein paar ganz allgemeine Tipps. Schreiben willst Du dann die Geschichte irgendwann im Urlaub, und zwar allein. Ich ermahne mich, mich zurückzuhalten.

Elfchen

Auf den Dünen von A.

Weite!
Weiße Dünen,
blaugrau das Meer.
Leib und Seele durchblasen.
Frei ...

Windgeschütztes Fleckchen von A.

Sonne
küsst mich.
Reprise des Sommers
wärmt auch die Seele
mir.

Die Möwe von A.

Es bläst kühl über die Dünen. Sie sind das erste Hindernis, das sich dem Wind entgegenstellt, der heute frisch und mit konstanter Kraft von See her bläst, stetig und stärker, als man es als Binnenländer gewohnt ist.

Über mir steht eine Möwe in der Luft. Der Wind ist so zuverlässig, dass es ihr gelingt, fast ohne zu wackeln in der Luft zu verharren. Es ist ein großer Vogel mit mehr als einem Meter Spannweite. Heute genügt aber etwas mehr als die Hälfte. Sie hat ihre Schwingen nicht gestreckt, sondern am Rumpf leicht nach vorn gepfeilt und dann wieder nach hinten ein wenig angewinkelt. So schwebt sie schon seit ein paar Minuten, den Schnabel dem Wind zugekehrt und die Paddelfüße eingefahren.

Reglos wirkt sie. Sie ist es aber nicht. Trotz des stetigen Blasens ist die Luft ein flüchtiger und unsteter Standort. Ständig balanciert sie sich aus, trimmt sich mit kurzen, knappen Bewegungen neu, die man nur aus der Nähe wahrnimmt. Ich erkenne es, denn ich kann sie fast anfassen, so nah ist sie mir. Keine drei Meter von mir entfernt verhöhnt sie die Schwerkraft.

Meist schwebt sie in Augenhöhe, doch ab und zu stellt sie ihre Schwanzfedern ein wenig an. Dann gleitet sie wie ein Aufzug nach oben. Nach unten geht es anders. Da zieht sie einen Flügel ein wenig ein, vermindert dort so den Auftrieb und gleitet über diese Schwinge leicht abkippend, aber sanft dosiert seitlich nach unten. Das Ganze noch einmal in der Gegenrichtung und wieder schwebt sie neben mir.

Hofft sie, dass ich zu essen beginne und etwas dabei abfallen könnte? Würde sie mir frech im Flug den Schinken vom Brot stehlen? Ich würde es dem silbergrauen Banditen durchaus zutrauen. Nicht nur fliegerisch. Doch ich habe nichts zu Essen dabei. So wird es ihr nach einer Viertelstunde neben mir langweilig. Sie dreht kurz den Kopf, gleitet ein paar Meter nach oben, kreischt, reckt eine Schwinge ein wenig mehr und dreht in eleganter Kurve ab. Sofort bringt sie der Wind nun auf Tempo. Sie fliegt davon und sucht anderswo ihr Glück, vielleicht ja auch ein anderes Opfer, das sich berauben lässt. Wer weiß?

Ich sehe ihr nach und danke ihr für die Flugvorführung.

Orte und Erinnerungen von A.

Wir gehen über die Insel, sind still. Du nimmst alles in Dich auf, so ruhig, dass ich nur ahnen kann, was sich Dir einprägt. Mich grüßen vertraute Orte still aus tausend Winkeln. Erinnerungen werden wach.

Ich bin in einer seltsamen Stimmung und es fällt mir auf, dass dem Deutschen das Wort fehlt, das meine Befindlichkeit beschreibt. Ich bin erfüllt von einem verhaltenen Gefühl der Freude, ohne das Prickeln des Glücks, und doch tief und klar. In gewisser Hinsicht ist es das positive Pendant zu Melancholie, ähnlich in Tempo und Kraft, nur erfreulicher.

Wir spazieren, ich erzähle hier und da kleine Anekdoten. An anderen Orten aber schweige ich. Vieles des Ungesagten war wichtig für Tonja und mich. Nun sind es kostbare Erinnerungen, und doch fürchte ich, dass sie banal werden, wenn ich sie schlendernd erzähle.

Ich verschweige, dass Tonja und ich hinter diesem Fenster im Café saßen, bei Tee und Kuchen.

Wir waren damals klamm, durchgefroren und mehr als nur ein wenig enttäuscht. Es war unser erster gemeinsamer Urlaub und unser ersten Morgen auf der Insel.

Die Nacht war schlimm gewesen. Ein kräftiger Wind von See – für uns war er ein Sturm – hatte unser kleines Zelt zerfetzt. Gerne hätten wir an diesem Morgen den Campingplatz mit einem Hotel getauscht, doch es war kein Bett frei, nicht für Geld, noch für gute Worte.

Da saßen wir in diesem Café, schon fast zur Heimreise bereit, und wärmten uns am Tee. Der weckte die Lebensgeister in uns und auch den Mut. Als wir vor die Tür traten, brach die Sonne durch die Wolken. So kauften wir festes Klebeband, flickten das

Zelt und versuchten, noch eine Nacht auszuhalten, dann eine weitere und noch eine und am Ende wurde es der Urlaub, der unsere Liebe zur Insel besiegelte. Doch wie soll ich Dir das alles beim Spazierengehen zeigen? Man sieht ja nur das Fenster eines gemütlichen Cafés. Diese Geschichte, die sich so schön in diesem Buch liest, kann man beim Spazierengehen nicht recht erzählen.

Da! Dort, in diesem Laden kaufte ich einst ein Fischerhemd, da drüben einen Drachen. Was würde das wohl jemand anderem sagen? Nicht viel. Das Hemd, längst ausgewaschen und ein wenig fadenscheinig, habe ich immer noch. Ich bin nun zu dick dafür und werde wohl nicht mehr hineinpassen. Doch ich hatte fast zwei Jahrzehnte lang Freude an dem Souvenir und mochte mich nicht davon trennen. Auch den Drachen gibt es noch. Er steckt mit etwas Inselsand in seinem Futteral. Ich habe ihn bewusst zu Hause gelassen. Bei diesem Aufenthalt wollte ich dem Wind zuhören, nicht mit ihm spielen.

Auch im Margaretenwäldchen, den Tonja und ich insgeheim für einen Hain voller Magie hielten, bleibe ich stumm. Lieber lasse ich den alten Bäumen mit ihren Flechtenbärten das Wort. Sollen sie Dir von sich erzählen. Stumm tun sie es besser, als ich es mit all meinen Worten könnte.

Am Laramie … ich blicke nach Westen auf die Dünen. Dort hinten wichen Tonja und ich einmal vom Pfad ab und gingen Hand in Hand ein paar Schritte weit in die nächste Dünensenke. Ich weiß es noch wie heute.

Achtsam waren wir, denn wir wollten nichts zerstören, und leichtfertig, denn wir waren jung und verliebt. Die Sonne schien warm an diesem Nachmittag, Hummeln brummten. Wir lagen da, im weichen Sand, auf ihrer blauen Decke und der Wind strich sanft über uns hin. Oben der blaue Himmel, im Hintergrund rauschend das Meer, irgendwo weitab Kinderjauchzen, und wir beide allein in der Senke. Ein perfekter Moment. Wir liebten uns, mit Ruhe, Leidenschaft, Hingabe, leichtsinnig und leichten Sinnes.

Doch soll ich das Dir erzählen? Meiner zwölfjährigen Nichte? Ganz beiläufig im wahrsten Sinne des Wortes? Nein. Vermutlich wäre es Dir peinlich. Das wäre kein gutes Thema für eine Plauderei auf einem Inselspaziergang. Ich hoffe aber sehr, Du machst irgendwann selbst eine ähnliche Erfahrung.

Wir kehren schweigend heim, still und froh. Du bist voller Eindrücke und ich voll Erinnerungen.

Und nur der Ordnung halber: Tonja und ich haben später nie mehr in den Dünen die Wege verlassen. Warum auch? Manches muss einmalig bleiben.

An das Meer _{von A.}

Ich quere Deine Dünen,
unstete Buckel, flach, aus Sand,
grad hoch genug
für etwas Aussicht.
Dann bist Du da, hinter dem Strand
gewaltig, grün, grenzenlos.
Kein Berg so hoch wie Du so weit.
Nichts, was wir Menschen schaffen,
kommt Dir an Kraft und Größe gleich.
Nichts ist so tief wie Deine Tiefen
und nichts so alt und nichts so jung.
Und ich? Ich bin nur winzig.
Meine Tränen fall'n in Dich,
werden ein Teil von Dir.
Auch Gram und Schmerz, sie lösen sich
zu Nichts auf in den Fluten.
Ich wend mich um.
Ich bin befreit, spür Frieden.
Es ist gut.
Hab Dank!

Entspannung im Sand von K.

Das Muschelsammeln war toll, ich musste zwar am Dünensaum bleiben, da dort die schönsten Muscheln waren, doch ich konnte mich dabei so richtig entspannen.

Davor wusste ich gar nicht, wie entspannt Muschelsammeln sein kann. Es ist toll.

Ich lausche dem Schreien der Möwen. Der Wind flüstert mir ins Ohr und das Meer rauscht beruhigend im Hintergrund.

Teetied von A.

Tee und Ostfriesland … das gehört zusammen. Die ostfriesische Teezeremonie ist vielleicht weniger komplex und formal ausgereift wie das Gegenstück in Japan, aber in ihrem Zauber ist sie durchaus vergleichbar.

Manche Zeile ist geschrieben worden über Kluntjes, das Wolkje und die verschiedenen Geschmacksoffenbarungen der einzelnen Schlücke. Die Friesen pflegen ihren ganz eigenen Kult. Doch auch Sahneverächter wie ich können den Zauber erleben. Der nämlich liegt weniger im Ritual als im geistigen Zustand, den man so erreicht.

Es ist ein zeitloser Moment des Genusses, den man ungestört genießen darf. Die hauchdünnen Tassen mögen winzig scheinen, und doch fassen sie weit mehr als nur drei Schluck des fernköstlichen Zaubertranks. Sie fassen tiefe Ruhe, Entspannung und Frieden. Man muss es nur mit sich geschehen lassen.

Die schönste Teetied hatten Tonja und ich im Inselcafé bei einem Besuch im Februar. Neben uns bullerte ein Kaminofen und verströmte angenehme Wärme, zwischen uns eine große Kanne und zwei Tässchen und um uns eine Blase ungestörter Zeitlosigkeit. Als wir uns ausreichend gestärkt hatten, waren auf der Uhr mehr als zwei Stunden verstrichen, die an uns völlig unbemerkt vorbei geschlichen waren.

Zu gerne hätte ich Dich diesen Zauber erleben lassen, doch leider magst Du Tee nicht. Ein Jammer. So muss ich mich der Teemagie allein hingeben. Doch Du bist jung. Vielleicht später einmal.

Zwei Elfchen

Das Geheimnis der Insel von A.

Weniger
ist mehr!
Nichts lenkt ab.
So erlebe ich alles
bewusst!

Zeitumstellung von A.

Uhren
gehen langsamer
auf der Insel.
Zeit, gemessen in Tiden.
Rhythmuswechsel ...

Harmonie von A.

Was wir nicht gemacht haben: zanken und streiten. Auch war nie jemand von uns beleidigt oder eingeschnappt, noch nicht einmal genervt. Wenn Du oder ich aus irgendeinem Anlass enttäuscht war, weshalb auch immer, dann nie so sehr, dass es für mehr als ein paar Momente die Stimmung trübte.

Friedvoller und harmonischer kann man kaum zusammen sein. Das haben wir gut hinbekommen.

Haiku von K.

Wichtig: Verständnis.
Gleichklang, Respekt, Harmonie.
Wir schafftens spielend.

In der alten Inselkirche von A.

Auf unserer Insel gibt es eine zauberhafte, kleine Inselkirche. Sie ist alt, die älteste Kirche auf den Inseln, und sie ist nur einen Katzensprung von unserem Hotel entfernt. Auf Spiekeroog, wo selbst die weiten Wege nicht lang sind, will das was heißen.

Sie wirkt von außen puritanisch schlicht in ihrem roten Ziegelkleid. Innen aber ist sie üppig und bunt. Ein kleiner Glockenturm erhebt sich über dem Dach, doch es gibt weder ein Läutewerk noch eine Uhr. Nur ein Strick reicht nach unten und muss vom Messner bedient werden.

Wegen der Corona-Maßnahmen ist die Kirche leider nicht so einfach zu besuchen wie sonst. Um so froher bin ich, dass ich mir einen Wunsch erfüllen kann. Um das zu tun, hatte ich meine Ukulele mitgenommen. Ich darf in einer der Kirchenbänke Platz nehmen und mit meiner Lilli ein Dutzend

Lieder spielen. Geistliche Musik natürlich, Gospels vor allem. Von „Amazing Grace" ging die Reise über „Just A Closer Walk With Thee", „In The Sweet By And By" und „Oh Happy Day" (der es auch wirklich ist) bis hin zu „Großer Gott, wir loben Dich". „Let The Heaven Light Shine On Me" beschloss den Reigen.

Laut muss ich nicht spielen und auch nicht singen, denn es klingt auch so schön und warm im Kirchlein. Das ist gut so, denn ich bin leicht erkältet und nicht bei bester Stimme.

Es ist kein virtuoses Konzert, doch es ist durchaus anzuhören und mit viel Freude gesungen. Den Besucher gefällt es sichtlich und auch die Dame von der Kirche, die die Besucher einlässt, ist dankbar, dass das Kirchlein so unerwartet mit musikalischem Leben erfüllt wird.

Die Geschichte von A.

Du wolltest eine Geschichte schreiben und ich wollte mich nicht einmischen. So hatten wir es geplant.

Also nimmst Du Dir an einem Nachmittag Zeit und setzt Dich hin – es ist eher ein Kauern – und so entsteht eine schöne, märchenhafte Geschichte. Ich selbst sehe zu und verkneife mir jede Einmischung. Es fällt mir schwer.

Dann aber ist sie fertig und ich darf sie lesen. Ich kann Dir gratulieren. Es ist eine schöne Geschichte geworden. Natürlich muss man noch ein wenig daran feilen, doch sie ist originell und angenehm zu lesen. Auch einige der Schwierigkeiten, die ich sah, als Du mir auf der Fähre davon erzähltest und die ich damals für mich behalten habe, hast Du nun ganz allein gemeistert und es wirklich gut gemacht.

Kleinigkeiten

Fernsehen im Hotel von A.

Wir drücken Knöpfe.
Dreißig Kanäle voll Mist!
Plaudern ist besser.

Basteln im Hotel von A.

Mobile:
Muscheln, Schnur,
Taschenmesser statt Werkzeugkiste
Treibholz und Angeschwemmtes wird
Souvenir.

Inseltag in drei Haikus von A.

Vormittags, beim Aufbruch

Luft taugewaschen,
blitzblau und weit der Himmel!
Die Insel wartet.

Auf der Bank in der Sonne

Sitzen und fühlen.
Licht! Zartherber Duft im Wind.
Augen schließen – Ahhh!

Abendruhe

Blaue Palette.
Golden schimmern die Fenster.
Es wird magisch still.

Von Dir eingeladen von A.

Das Frühstücksbuffet ist reichlich und lecker. Wir können so gut frühstücken, dass wir tagsüber nicht mehr brauchen als allenfalls ein Stückchen Kuchen. Dieses Vergnügen aber bezahle nicht ich.

Im Café bin ich Dein Gast und ich bin es gerne. Deine Rolle als Einladende und auch das Bezahlen erledigst Du mit Anmut und Souveränität. Ich habe natürlich mitbekommen, dass Deine Eltern Dich für solche Fälle mit einem Schein versorgt haben und muss nicht fürchten, dass ich Dein kostbares Taschengeld in Form von Oma Gretes Rosinenkuchen vertilge.

Trotzdem: Danke schön.

Glück von A.

Seit Tonjas Tod bin ich einsam und oft auch sehr traurig gewesen. Natürlich. Das kann nicht anders sein.

Auf dieser Reise war ich das erste Mal seit mehr als einem Jahr wieder richtig und ganz und gar glücklich. Ich hatte schon fast vergessen, wie sich das anfühlt. Es ist ein großartiges Gefühl.

Mein Abschied von K.

Wir gehen zum Hafen, unser Gepäck fährt mit dem Auto. Es ist morgenkühl und die Sonne scheint. Die Insel wirkt noch etwas verschlafen. Ich denke zurück, wie wir ankamen.

Damals schien mir der Weg zum Hotel war recht lang. Im strömenden Regen zu gehen war kein Spaß, und mein Koffer war schwer. Ich weiß noch, dass ich es gut fand, dass viele kleine Pausen gemacht haben und ich so meine Arme etwas entspannen konnte.

Heute ist der Weg ganz anders.

Abschied von A.

Letzte Fetzen vom Morgendunst schweben über dem Wasser. Ich stehe mit Dir am stillen Hafen. Wir sind früh dran. Ich nutze den Moment und nehme innerlich Abschied von der Insel.

Ich war nur Gast, und doch fühlte ich mich, wie jedes Mal hier, ein wenig wie zu Hause. Ich fand zu mir, fand Ruhe und Kraft, wurde innerlich vom Kopf auf die Füße gestellt. Für Monate werde ich von dem zehren, die ich hier gewann, von Kraft und Frieden.

Unaufdringlich, aber mächtig wirkt die Insel auf die Seele. Ihr Rhythmus ist ein anderer, einer, der mir wohltut und mein Innerstes berührt. Das wirkt auch andere, auf Gäste ebenso wie Insulaner. Alle scheinen mir gelassener zu sein.

Ich will wiederkommen. Wann? Wer weiß das schon? Aber vielleicht schon bald.

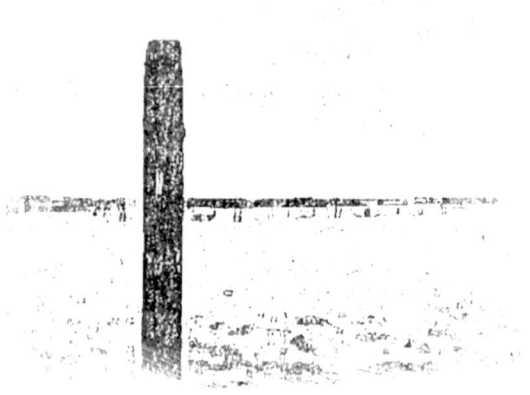

Heimfahrt

Schweigen wir von den Details meiner Rückfahrt. Sie war die Hölle.

Erkältung, schweres Gepäck, mehrfaches Umsteigen, immer unter Zeitdruck und wegen Corona die Maskenpflicht …

Diese Heimreise brachte mich an die Grenzen meiner Kräfte. Doch ich konnte immer auf einen wunderbaren Urlaub zurückblicken, der all diese Unannehmlichkeiten mehr als aufwog.

Haikus und Elfchen von A.

Gute Gedichte sind verdichtete Gedanken,
komprimierte Gefühle. Diese Kompression
zwingt, sich auf das Wesentliche zu be-
schränken. Das macht ihren Reiz aus. Elf-
chen und Haikus treiben dies auf die Spitze.

Haikus

Haikus entstanden in Japan. Seit den Zwan-
zigerjahren des Zwanzigsten Jahrhunderts
hat sich in der deutschen Literatur eine 17-
silbige Haiku-Form in drei Zeilen etabliert.
Die erste und letzte Zeile enthält jeweils
fünf Silben, die mittlere sieben.

Elfchen

Elfchen sind eine junge Gedichtform. Sie
wurden speziell für die Schule entwickelt,
sind aber über den pädagogischen Zweck
hinausgewachsen und sind oft, bei aller spie-
lerischen Leichtigkeit, die sie vortäuschen,

durchaus ernsthafte Stückchen der Sprachkunst.

Eines Elfchen besteht immer aus elf Wörtern, in fester Ordnung zu fünf Zeilen arrangiert: 1 – 2 – 3 – 4 – 1

Diese sehr einfache Struktur macht es zwar kinderleicht, ein formal korrektes Elfchen zu schreiben. Weit schwieriger ist es aber, ein richtig gutes Elfchen zu schreiben. Wie auch beim Haiku muss man die Worte sehr sorgsam wählen, um mit so wenig seine Gefühle und Gedanken zu transportieren.

Bildnachweise

Die Bilder sind von mir digital bearbeitete Fotos. Dies sind die Fotografen der Vorlagen:

Alexander Bálly

Die Fotos auf Seite 3, 20, 24, 26, 29, 36, 42, 44, 47, 53, 58, 72, 78, 92, 98, 101, 104, 106, 108, 112 & 113

Hier liegen die Urheberrechte natürlich bei mir.

Katharina Zimmermann

Die Fotos auf den Seiten 56 & 90.

Dankeschön!

Hanne Hornik

Die Fotos auf Seiten 16, 30, 35, 67 & 80

Ich danke herzlich für die freundliche Überlassung.&

https://Pixabay.com

Hier fand ich diese Vorlagen:

- S. 70 (Drachen) von: meinerestrampe
- S. 84 (Möwe) von HeungSoon

Die Bilder auf pixabay sind frei nach CC0

https://commons.wikimedia.org

Vor hier stammen folgende Bilder:

- S. 8 (Rheinfähre) von infokoordinator, frei nach CC BY-SA 3.0
- S, 13 (Inselfähre) von Aagnverglaser frei nach CC BY-SA 4.0

Ich danke ihnen allen herzlich.